MADAME DE ROULEAU

Le petit garçon et la sorcière du quartier

Ben Wood Johnson

DU MÊME AUTEUR

Publications en Français

Être Noir – Quel Malheur, 2018

L'homme et le Racisme – Être Responsable de vos Actions et Omissions, 2020

Le Racisme et le Socialisme – La Discrimination Raciale dans un Milieu Capitaliste, 2020

Retournez d'où vous venez, 2020

Discours sur la liberté humaine, 2021

Le Fardeau de la Vie, 2022

(voir la suite en fin d'ouvrage)

BEN WOOD JOHNSON
Auteur de l'Éthique Sartrienne

MADAME DE ROULEAU

TESKO PUBLISHING
ÉTATS-UNIS

Pour Béby et Fabby.
Que vos enfants
et vos petits enfants
aient une meilleure enfance.

Table des matières

MADAME DE ROULEAU

Une enfance traumatisée

A u début du printemps de 1983, Joël Gilbert Junior était un petit garçon désemparé. Dans la capitale d'Haïti (à Port-au-Prince), le petit bonhomme vivait avec sa mère (madame Gilbert), son père (monsieur Joël Gilbert) et ses deux petites sœurs (Joceline et Géraldine). Au début, tout allait bien pour la famille. Ils vivaient dans la périphérie de la ville ; ils vivaient dans une maison chic, une gîte de bon ton qui était aussi bien l'envie du quartier.

Monsieur Gilbert avait un travail merveilleux. Il besognait comme mécanicien automobile dans le quartier des affaires au centre-ville. Madame Gilbert était restée à la maison pour s'occuper des enfants. La vie était paisible ; la vie était belle ; la vie était bonne. Il y avait de la nourriture dans la maison ; il y avait de la tranquillité ; il y avait de l'amour. Mais le ménage de la famille Gilbert était devenu un lieu hostile pour madame Gilbert et pour les enfants. Monsieur et madame Gilbert se chamaillaient tout le temps. Ils se méprisaient les uns les autres.

Monsieur Gilbert était un alcoolique. Lorsqu'il était sous l'influence du tord-boyaux, il perdait tout le contrôle de soi-même. Madame Gilbert était devenue son sac de boxe. Il la tabassait à tout bout de champ.

La famille restait souvent éveillée toute la nuit pour assister à la sauvagerie de monsieur Gilbert à l'égard de sa femme maltraitée dans sa chaire et dans son âme. C'était un spectacle démoralisant pour les enfants. C'était un moment embarrassant pour la famille dans le quartier.

Certains voisins voulaient défendre la jeune dame. Mais monsieur Gilbert n'épargnait personne dans ses longues nuits de querelle et de violence envers la jeune femme. Puisqu'il avait des amis dans le pouvoir politique d'alors (le régime dictatorial de François Duvalier), personne ne pouvait faire déroute à ses caprices et à ses abus de pouvoir.

La situation devenait de plus en plus intenable pour la madame malmenée quotidiennement. Il était devenu assez évident pour madame Gilbert qu'elle devait faire quelque chose pour se sauver ou même pour sauver les enfants des emprises toxiques et amèrement dangereuses de son mari violent, monsieur Gilbert. Cette vie familiale a été trop horrifique pour madame Gilbert ; cette existence acerbe a été trop traumatique pour les enfants.

***

Au cours de l'été de 1983, monsieur et madame Gilbert avaient décidé de se quitter. Avant tout, ils se sont séparés en des termes pas si amicaux. Néanmoins, la séparation allait avoir un impact douloureux sur la famille ; cela allait avoir un effet dévastateur sur le petit garçon.

Pour éviter ce désastre, le couple à moitié déchiré s'était mis d'accord pour ne pas faire une scène abominable. Il était question de protéger les enfants. Mais l'égoïsme de monsieur et madame Gilbert a eu gain de cause.

Le jour où maman et papa se sont séparés, le petit homme venait d'avoir sept ans. Il s'attendait à une journée de fête. Ce fut plutôt une journée horrible pour le petit brave. D'une manière soudaine, la vie familiale a été bouleversée. Le puceau n'avait pas eu la chance de fêter son anniversaire avec un air allégorie.

Quelques semaines après la séparation, Madame Gilbert faisait tout pour dissimuler les problèmes de la famille au petit gars. Monsieur Gilbert visitait la maison de temps à autre pour apporter des joujoux aux petites filles, tout en méprisant le petit homme. Malgré cela, le jour de la première communion du petit garçon, soit le 26 mai 1983, tout avait chaviré pour le pire. Ce jour-là, monsieur et madame Gilbert s'étaient bagarrés en plein milieu d'une fête pour célébrer la rentrée solennelle du petit bonhomme dans la fois chrétienne, la religion catholique, comme ce fut le cas.

Oh, c'était un jour sombre pour le petit galant. Il n'y avait point de joie dans la maisonnée ; il n'y avait plus de paix ; il n'y avait point de tranquillité. Les choses avaient changé pour le pire pour la famille Gilbert.

Après le divorce consommé, madame Gilbert était déconcertée. Elle a fait de son mieux pour maintenir la famille unie. Mais ses efforts n'étaient pas suffisants. La famille s'est finalement effondrée.

Après avoir lutté pendant une bonne partie de l'année pour tenir la famille à flot, madame Gilbert a dû faire face à l'inévitable. Elle a dû faire face à sa réalité indéniable. Elle a dû se plier devant l'inéluctable. Elle a dû à accepter qu'elle n'allât pas s'en sortir toute seule.

Les factures s'accumulaient ; les agents de recouvrement frappaient constamment à sa porte. Il n'y avait pas d'issue pour madame Gilbert.

MADAME DE ROULEAU

Vivre l'inattendu

Pendant l'été de 1984, la famille Gilbert a été forcée de quitter leur belle maisonnette. Ils s'installèrent chez la mère de madame Gilbert ; c'était une femme du nom de Camélia ; les voisins l'appelaient, affectueusement bien sûr, Grann Yaya.

La grand-mère était une personne généreuse. Elle aimait ses petits-enfants ; elle adorait surtout sa fille aînée, Madame Gilbert. C'était l'occasion pour la famille Gilbert de trouver le moyen honorable pour sortir d'une réalité sordide, qui s'aggravait chaque jour un peu plus.

Grann Yaya était très enchantée d'accueillir sa fille chérie et ses petits-enfants dans sa maison. Elle venait tout juste d'avoir quatre-vingts ans ; elle trottinait de temps en temps.

Oui, Grann Yaya était vieille. Elle a été atteinte de plusieurs maladies chroniques. La grand-mère avait des problèmes respiratoires. Elle souffrait de dyspnée ; elle était diabétique ; elle était aussi hypertensive.

Pour Grann Yaya, avoir ses petits-enfants autour d'elle était une excellente occasion de se familiariser avec eux. Elle était bénigne envers ses gendres. Grann Yaya était contente de les avoir chez elle pour les guider sur la bonne voie.

La grande maman vivait dans une banlieue semblable à un ghetto. Ce n'était pas un endroit idéal pour élever des enfants, surtout pas des petits garçons. Mais sa maison était devenue un lieu de refuge pour sa fille bien-aimée et ses petits poupons.

***

Le petit Joël n'aimait pas la maison de Grann Yaya. Il n'aimait pas du tout le quartier où sa grand-mère vivait. Il a fallu un certain temps au petit garçon pour se familiariser avec la région ; il lui a fallu encore plus de temps pour accepter sa nouvelle vie.

La perte de leur maison chic avait eu un effet destructif sur le petit homme. Là, il avait sa chambre ; il avait une belle cour ; il avait beaucoup d'amis. La vie chez Grann Yaya était un peu différente. Là, il n'avait pas de commodités ; il n'avait pas d'amis. Il n'était pas heureux là-bas.

Le petit bonhomme pensait que perdre la maison familiale était une chose. Mais devoir vivre dans un endroit étrange, un lieu où il n'avait aucune affinité, pensa le freluquet, était grossièrement injuste. Il raisonnait que la décadence soudaine de ses parents était plus dure pour lui que n'importe qui d'autre. Il se plaignait constamment de la réalité dégoutante de sa famille.

Le jeune Gilbert avait plusieurs raisons de détester la maison de Grann Yaya. Pour lui, c'était une très mauvaise idée de se loger dans cette banlieue peu élégante. L'endroit était différent par rapport à l'environnement auquel le petit homme avait été habitué. Il n'y avait pas de cuisine dans la maison ; il n'y avait pas de frigo ; il n'y avait pas de salle de bain privée. Il n'y avait pas de cour avant ; il n'y avait même pas de terrasse pour ranger son vélo. Il n'y avait pas de place pour lui d'étudier.

Même le coin où le gosse devait dormir la nuit n'avait aucune intimité. C'était à côté d'un balcon en plein air. Les voisins s'y réunissaient de jour comme de nuit pour plaisanter. C'était l'endroit où les jeunes du bloc se rassemblaient pour passer un bon moment ou pour jouer aux billes. Le petit Joël se sentait exposé dans le quartier. Il sentait qu'il devait s'adapter à un milieu dans lequel il n'avait aucun lien préalable.

Être chez Grann Yaya était une période terrible pour le petit garçon ; c'était aussi une période difficile pour toute la famille. Tout le monde dans la zone était au courant de leur histoire.

Oh, Madame Gilbert avait eu à vivre le pire. Elle avait vécu des moments difficiles. Revenir à vivre avec sa mère ressemblait à une punition pour elle. C'était un revers majeur, murmurait-elle souvent à sa maman un peu moribonde et souffrante.

Grann Yaya s'était efforcée de consoler sa fille dont l'existence âpre était de plus en plus en péril. La grande maman disait à sa donzelle qui n'était plus une pucelle qu'elle n'avait pas d'autre choix que de quitter le mariage épuisant avec monsieur Gilbert, un homme submergé dans la démence, consommé par la déchéance, imbibé dans la méchanceté et enseveli par une malveillance en outrance envers sa femme dépourvue d'un état d'âme digne d'une dame mariée et aimée corps et âme par son conjoint qui devait pourtant la protégée en tous les cas et dans tous les lieux.

Pa dezespere pitit fi mwen, ou te fè sa ou te dwe fè a. « Ne désespérez pas ma fille, vous avez fait ce que vous deviez faire », pressa Grann Yaya à madame Gilbert. Mwen konnen moman yo difisil, men pran kouraj « Je sais que les moments sont durs, mais soyez forte, » rétorqua la grand-mère à sa fille tout à fait désavouée et désespérée. Se te pi bon desizyon an, menm si pitit ou yo desi, espesyalman Ti Joel. « C'était la meilleure décision, même si tes enfants sont déçus, surtout le petit Joël », a-t-elle dit.

Se sentant réconfortée, madame Gilbert avait communiqué ce même sentiment au reste de la famille. Elle avait dit : Sispann plenyen ; li te kapab vin pi mal. Omwen nou gen yon kote pou nou viv ; nou pap domi nan lari. « Arrête de te plaindre ; ça aurait pu être pire. Au moins nous avons un endroit où vivre ; nous ne sommes pas dans les rues comme des sans-abris », a-t-elle rappelé au petit gars, qui grognait à maintes reprises sur les difficultés de sa famille démunie.

Une maison modeste

La maison de Grann Yaya était très modeste. Il n'y avait pas de rembourrage extravagant. Il n'y avait pas de travail de peinture sophistiqué. C'était une structure de fortune recouverte de tôles. Il n'y avait pas beaucoup de place à l'intérieur de la maison non plus. Tout le monde était entassé dans une chambre, qui avait une plate-forme fugace encerclée avec des tôles et des bois cloués à la va-vite. Grann Yaya avait arrangé la petite estrade et la transforma en une pièce supplémentaire pour sa fille.

La maison n'avait pas assez de place pour une famille de quatre personnes ; loin de là, elle n'avait pas de place pour dix personnes, y compris des adultes et des enfants. La maison était déjà saturée avant que la famille Gilbert n'emménage.

Grann Yaya vivait avec son autre fille. C'était une femme nommée *Marie*. Elle avait une fillette du nom de *Daphnée*. Trois autres parents et leurs gendres vivaient dans la maison.

Chez Grann Yaya vivait une femme nommée *Lamerci*. Elle avait trois enfants. Originaire de Gros mornes, une localité des Gonaïves, Lamerci était une cuisinière hors pair. Il y avait aussi les deux sœurs, *Vérone* et *Marlène*. Elles étaient originaires d'une localité assez lointaine comme ça du nom de Fond des Blancs. Elles avaient déménagé de leur province pour venir en ville dans le but d'apprendre un métier rentable dans la capitale.

***

Après que madame Gilbert avait eu emménagé dans la demeure rabougrie et en décrépitude, elle avait installé un grand lit dans la plus grande chambre à coucher. Il n'y avait plus de place pour d'autres meubles. La famille avait un petit téléviseur en noir et blanc et une radio en AM/FM, qui étaient placés sur une table à trois pieds, soutenus seulement par une paire de blocs de béton comme quatrième jambe. Il n'y avait pas de réfrigérateur dans la maison, à l'exception d'un igloo artisanal ou une petite cruche, connus sous le nom de *Kanari*, pour contenir de l'eau froide pour le ménage.

En ce qui concerne les arrangements de sommeil, la situation la nuit était encore plus chaotique. Alors que certains membres de la famille dormaient sur le lit, d'autres n'avaient guère le choix que de dormir par terre, sur le sol fissuré, qui était autrefois en béton lisse, mais qui avait maintenant des trous et des fissures boueuses qui servaient de cachette pour les scolopendres. Le petit terrain qui constitua le plancher à moitié démoli était humide, car le ciment froid, qui jadis servait de filtrage d'air frais émaillé de confort surtout pendant les mois chaleureux de juin et de juillet, s'était décomposé en une vague de poussière brute. Celui-ci formait la plate-forme sous-jacente du plancher où les uns et les autres s'accoquillaient du petit soir au petit matin dans la maisonnette de Grann Yaya.

Quelques coins de la maison étaient remplis de taudis et de fissures, ce qui permettait aux créatures ressemblant à des rongeurs, y compris les rats, les souris, les mille-pattes et les cafards, d'entrer et de sortir de la maison, surtout à la tombée de la nuit jusqu'au petit jour. Oh, c'était un spectacle horrible pour ceux-là qui ne pouvaient reposer leur corps que sur le sol avilissant et reprochant qui n'avait pas de pitié pour leur chair qui servait de crevasse et parfois même de nourriture pour des êtres nocturnes sans état d'âme. C'était une coutume amèrement brutale pour ces gens-là.

Ceux qui dormaient sur le sol se plaignaient fréquemment d'étranges marques de morsure sur leurs extrémités, en particulier dans leurs orteils et leurs jambes. Ils blâmaient souvent les rats, les mille-pattes et d'autres créatures rampantes qui, ils en étaient convaincus, parcouraient le plancher d'une manière ahurissante dans l'obscurité. C'était comme un purgatoire de dormir sur le sol tous les soirs.

***

La maison de Grann Yaya était dans une ruelle contenant de corridors parsemés. Celle-ci était communément connue sous le nom de *la cour* ou bien *yon lakou* à l'époque. L'endroit était situé à proximité d'une école secondaire du nom de *Collège de la Pléiade* ou *kolèj la pleyad*. Le corridor logeant du côté gauche des murs du collège portait le nom de celui-ci. On surnomma le lieu *lakou la pleyad* ou du moins *koridò la pleyad*. C'était un lieu très populaire dans la zone.

À l'intérieur du corridor de la pléiade, une dame vendait du bouillon de pieds de vache (ou de pieds de bœuf). Surtout à la tombée de la nuit, des coutumiers fréquentaient le corridor de temps à autre pour se procurer du bouillon du pied de bœuf, ce qui était considéré comme un délice nocturne inégalé dans le quartier. Même les riverains des zones avoisinantes fréquentaient souvent le corridor de la Pléiade pour acheter le fameux consommé de pied de bœuf.

Là où vivait Grann Yaya, était très connue dans la ruelle. C'était un lieu semblable à un bidonville. Les gens vivaient empilés les uns sur les autres. Là, le petit homme avait dû à s'adapter, il avait dû apprendre à s'y faire.

Vivre dans le couloir de la Pléiade n'était pas si mal après tout. Il n'a pas fallu longtemps au petit garçon pour devenir populaire dans la cour. Malgré sa timidité et sa réserve, le petit Joël s'était bâti une réputation à lui seul. Il était connu comme un petit bonhomme studieux. Il avait l'habitude de passer des heures sur les toits de hautes maisons dans la cour pour étudier. Les voisins étaient intrigués par la passion du petit damoiseau pour son éducation.

***

Plusieurs mois après avoir abandonné leur ancienne vie, la famille Gilbert commençait à s'habituer au milieu. Ils s'adaptaient dans la zone ; ils commençaient à s'émanciper dans leur nouveau foyer. Le petit Joël commençait à accepter son sort. Peu à peu, il prenait du pied dans la zone. Il commençait à se résigner. Il apprenait à faire de son mieux pour évoluer dans sa nouvelle vie. Il avait trouvé son idéal dans un endroit où il n'y était jamais auparavant.

Malgré ses protestations, parfois vigoureuses, madame Gilbert ne pouvait rien faire pour changer la réalité de son fils. En fin de compte, le petit bonhomme avait dû accepter son destin ; il avait dû se réconcilier avec sa nouvelle réalité.

Le petit garçon était le seul homme de la maison. Outre sa mère et sa grand-mère, il vivait avec ses sœurs et d'autres membres de sa famille. Le petit bonhomme se sentait responsable envers eux. Il voulait être leur protecteur.

Dans le quartier où vivait Grann Yaya, la famille Gilbert devenait de plus en plus populaire. Au fur et à mesure, Madame Gilbert et ses enfants étaient devenues une partie intégrale du milieu. Les gens les connaissaient bien, surtout le petit garçon très sympathique. Ceux qui avaient rencontré son père, monsieur Gilbert, pensaient que le petit bonhomme était l'image crachée de celui-ci. Ils l'ont surnommé, affectueusement bien sûr, petit jojo ou *Ti jojo*.

Mais d'autres voisins appelaient le petit bonhomme *Petit Joe* ou *Ti Joe*.

Dans la rue de l'enterrement

L a zone où se trouvait la maison de Grann Yaya était célèbre. Mais sa notoriété était née pour diverses raisons. L'endroit n'était pas trop loin du cimetière local, qui était un terrain fétide pour la criminalité dans la région. Divers larrons et des individus aux caractères douteux s'étaient installés au cimetière. Ils y dormaient la nuit. Ils se servaient aussi du cimetière pour recéler leurs butins volés.

La rue principale où la cour de la Pléiade avait été positionnée était connue sous le nom de la *rue de l'enterrement*. C'était un long tronçon de route qui englobait plusieurs ruelles diagonales et des couloirs labyrinthiques. À côté de la cour de la Pléiade se trouvaient quelques quartiers, qui abritaient des individus ayant un passé criminel.

Les localités notoires du bloc étaient connues sous *le nom de derrière le cimetière* (dèyè simityè a), autour du stade (bò kote estad la) et une banlieue connue sous le nom de la route des dalles (*sou dal*). Ces régions étaient connues pour abriter des brigands et des voyous. D'autres zones étaient tout aussi toxiques pour petit Joe. Ils comprenaient en endroit dénommé Bel-Air (sou bel-air), derrière le lycée de Toussaint Louverture (dèyè lise Tousen Louvèti a), Fort Saint Clair (fò sinklè) et le Marché de Salomon (maché salomon), pour n'en nommer que quelques-uns. Ces régions étaient connues pour leur volatilité et leurs bastions de criminalités.

***

Le petit coin où vivaient petit Joe et sa famille était calme. C'était un milieu sûr par rapport à d'autres endroits de la rue de l'enterrement. La maison elle-même se trouvait dans les parties les plus modestes de la zone. Mais le quartier changeait pour le pire.

Moins d'un an après l'emménagement de petit Joe et sa famille chez Grann Yaya, le panorama de la zone avait commencé à changer. Mais c'était au détriment des voisins décents. Alors qu'au début, les personnes qui vivaient dans la cour de la Pléiade étaient financièrement aisées, par rapport aux gens vivant dans d'autres blocs, de nouveaux arrivants étaient différents. Ceux qui vivaient dans la zone depuis longtemps voulaient se débarrasser des individus aux caractères douteux. Mais comme la région changeait à un rythme rapide, les voisins ne pouvaient pas contrecarrer les nouveaux arrivants. La zone devenait de plus en plus dominée par ceux qui avaient des tendances criminelles.

Certains des nouveaux résidents vivaient dans des régions connues pour abriter des gens ayant des habitudes et des vices louches. De nombreux voisins étaient enclins à la violence ; ils avaient des propensions douteuses. Le quartier commençait à être envahi par des membres de gangs. La ligne entre le bon et le mauvais était floue. La différence entre le bien et le mal s'estompait chaque jour. L'état de droit était presque inexistant. *Se te chak koukouy kléré pou je ou.* C'était chacun pour soi et Dieu pour tous.

Dans la rue de l'enterrement, les résidents avaient pris les choses en main. La justice de rue était populaire. La rusticité et l'animosité étaient la norme dans la cour de la Pléiade. Les voisins, pour la plupart, avaient fait leurs propres lois ; ils avaient créé leur propre fortune ; ils avaient créé leur propre système de justice.

***

Les mauvais traitements individuels étaient une réalité avérée dans la cour de la Pléiade. Les abus verbaux et les invectives quotidiennes étaient de la monnaie courante dans le corridor. Les voisins se chamaillaient constamment ; ils s'insultaient les uns les autres verbalement. Les escarmouches publiques étaient courantes. Une telle démonstration d'incivilité était considérée comme un spectacle de rue régulier.

Pour un oui ou pour un non, les voisins se lançaient des insultes les uns contre les autres. Ils étaient à fleur de peau. Ils s'engageaient dans des combats de rue. Cette réalité devenait la norme dans la rue de l'enterrement. Vraiment, ce quartier n'était pas idéal pour élever de jeunes hommes. Petit Joe était au milieu de ce coin social sordide.

Malgré tout, le petit homme avait reçu une merveilleuse éducation dans la cour de la Pléiade. Il a grandi avec de solides soutiens familiaux. Tout au long de son enfance terne et parfois déprimante, il était entouré de membres soucieux de sa famille, y compris sa mère, sa grand-mère, ses cousins et d'autres parents. De bons amis de la famille Gilbert avaient choyé le petit garçon. Petit Joe était admiré dans la cour de la Pléiade.

Dans la rue de l'enterrement, tout le monde avait aidé à élever petit Joe à sa manière. Alors que certains voisins avaient contribué davantage à l'éducation du petit homme que d'autres, la plupart des résidents avaient fait tout ce qui était en leur pouvoir pour aider Petit Joe à s'orienter sur la bonne voie. Un voisin a joué un rôle vital dans la formation morale du petit garçon. Il faut le dire aussi, cette personne n'était pas considérée comme étant un modèle dans la communauté.

MADAME DE ROULEAU

Une personne terrible

En face de la cour de la Pléiade vivait une vieille femme ; elle était extrêmement redoutée. Cette dernière demeurait seule dans une maison délabrée. Sa toiture était un peu éloignée de l'endroit où vivait petit Joe. Cette matriarche était décriée dans le quartier. Ainsi, elle n'avait aucun contact direct avec le petit bonhomme.

Tout le monde dans la rue de l'enterrement, y compris petit Joe, avait entendu parler de la vieille femme en mauvaise répute. Elle était incontournable dans le bloc. Elle avait des animaux de compagnie, y compris des oiseaux, des chiens vicieux et des chats furieux.

Madame de Rouleau, comme on appelait cette vieille dame sans passé et sans avenir dans la rue de l'enterrement, était une octogénaire. C'était un personnage étrange. Elle était une voisine méprisée.

Madame de Rouleau était la résidente la plus âgée de la rue de l'enterrement. Elle y avait vécu longtemps. Bien qu'elle sût beaucoup sur de nombreux résidents du quartier, ces derniers en savaient peu sur elle.

Dans sa jeunesse, Madame de Rouleau avait une physique impressionnante. Avec une taille de plus de 185 mètres, elle était une grande dame. Pourtant, cette vieille madame qui jadis faisait la ronde des écoliers et des écolières était devenue de plus en plus chétive et amaigrie. Partout dans le quartier, elle était amèrement détestée. Mais ce n'était pas pour les bonnes raisons.

***

Dans la rue de l'enterrement, les résidents considéraient madame de Rouleau comme une personne terrible. Ils l'avaient ostracisée. Peu étaient les résidents de la rue de l'enterrement qui considéraient la femme âgée comme étant une voisine précieuse de la communauté. La plupart de riverains la voyaient comme une voisine épouvantable ; elle n'avait pas sa place dans la zone, avaient déclaré des voisins.

Beaucoup de gens détestaient madame de Rouleau ; ils ne voyaient rien d'agréable dans sa manière. Ils la considéraient comme une vieille dame défroquée, une vieille chaussette ou une vieille femme en fée. Ils l'appelaient une méchante ensorceleuse. Les voisins nommaient madame de Rouleau *yon vye lougarou* ou c'était une vieille sorcière. Ils la voyaient comme un être humain méprisable.

Les résidents avaient dit que madame de Rouleau était trop récalcitrante ; elle ne devrait pas être autorisée à vivre parmi d'autres personnes. Cette vieille madame, les voisins en étaient convaincus, n'invitait pas à la convivialité. Elle n'invitait pas à la chaleur. Madame de Rouleau, disaient-ils dans le voisinage, n'avait pas rendu les gens dans le quartier à l'aise. Des voisins avaient déclaré que la madame était un élément gênant. Elle était une énergie maléfique dans la zone ; il fallait tout simplement se défaire de cette célibataire violente et empathique.

Oh, pour dénigrer la madame éhontée, les voisins faisaient de la queue leu leu. Il y avait une longue liste de plaintes contre ce vieux personnage. Les voisins la considéraient comme un parasite ; ils la détestaient. Certains voulaient même son dépistage.

Malgré sa mauvaise réputation, Madame de Rouleau était aussi une légende. Elle était populaire non seulement dans la rue de l'enterrement, mais c'était le cas aussi dans d'autres parties de la région. Beaucoup d'artistes avaient fait des chansons à son sujet ; des comédiens avaient fait des blagues à son sujet. D'un côté à l'autre de la ville, tout le monde connaissait le nom de madame de Rouleau.

***

La notoriété de ce retraité dans la zone était déplacée. Les histoires de cette vieille femme incarnaient la nature omniprésente des êtres humains. Les voisins voyaient madame de Rouleau comme le diable incarné. Son nom était synonyme de rituels sataniques, d'incantations et d'enchantements malveillants. Même ceux qui n'avaient jamais rencontré cette vieille personne la craignaient à en mourir.

Les voisins en voulaient à madame de Rouleau, bien que le véritable motif de leur haine ne fût pas clair. Pourtant, certains voyaient la vieille dame comme une méchante. Les gens étaient convaincus qu'elle n'avait rien à faire dans la rue de l'enterrement.

Les voisins avaient inventé toutes sortes de contes sur madame de Rouleau. Ils avaient dit qu'elle devrait être forcée de quitter la zone. Des créatures comme madame de Rouleau, disaient les voisins, devaient être fermées et renfermées tout le temps dans une cage.

D'autres n'avaient pas caché leur désir de blesser madame de Rouleau dans son corps, dans sa chaire et dans son esprit. Ils l'avaient menacée ouvertement, ainsi que dans l'ombre de l'impunité. Ce n'était un secret pour personne que les voisins vilipendaient la femme âgée.

Il y avait assez d'amertume envers madame de Rouleau. Alors que beaucoup de gens en voulaient à cette femme depuis des années, ils avaient différentes raisons de la mépriser. Les hostilités envers madame de Rouleau étaient souvent basées sur des mensonges, des récits sensationnalistes et des fables hyperboles sur ses pouvoirs maléfiques. Bien sûr, il n'y avait pas d'amour pour madame de Rouleau dans la zone.

MADAME DE ROULEAU

Étiqueté comme une méchante sorcière

Dans la rue de l'enterrement, les résidents voyaient madame de Rouleau comme une enchanteresse. Ils la considéraient comme une puissante sibylle de malheur ; elle devait être apprivoisée, disaient les voisins. D'autres voyaient madame de Rouleau comme une menace pour la paix et la tranquillité dans la banlieue.

Certains voisins cocus voulaient se débarrasser de cette grand-mère en utilisant n'importe quelle stratégie. Vraiment, ils abhorraient la mauvaise madame comme si elle était une maladie contagieuse. Oh, c'était comme si cette vieille femme était la peste et ceci dans son être et dans son âme infâme.

Il y avait des rumeurs sur les pouvoirs sombres de madame de Rouleau. Pourtant, les sentiments à son égard étaient motivés par la peur et l'ignorance. Il y avait des affirmations extravagantes sur cette vieille femme.

Des voisins avaient affirmé l'avoir vue voler dans le ciel la nuit sur un manche à balai avec la queue allumée d'un feu rougi. Ils étaient devenus convaincus que cette personne âgée s'attaquait aux enfants délaissés. Elle s'en prenait aux mômes négligés, disait-on.

À chaque fois qu'un enfant tombait malade dans le quartier, les voisins s'empressaient d'accuser la mauvaise madame. À chaque fois que tout allait mal dans la zone, madame de Rouleau a été rouleautée. Elle était considérée comme la seule machinatrice des déboires des membres de la communauté. Il y avait tout un fantasme à propos de ce personnage inédit.

***

Dans la rue de l'enterrement, les résidents avaient allégué que madame de Rouleau régnait sur la nuit. Cette *dyab*, comme on disait, était un brigand nocturne. Cette femme assiégée, certains en étaient convaincus, pouvait se transformer en une chienne féroce. Elle attaquait les hommes ivres dans les rues. Elle traquait ses victimes pendant des semaines, on disait. Cette vieille maman désagréable, les voisins étaient catégoriques, prenait la forme d'animaux pour harceler ses victimes pendant des mois. Cette Grann nana, d'autres disaient, agaçait les voisins vigilants de jour comme de nuit.

Beaucoup de gens pensaient que madame de Rouleau espionnait sur les voisins insoupçonnés. Elle se changeait en de multiples formes, y compris en un chat noir, en un loup noir, en un corbeau noir ou en un poinçon noir, avaient-ils dit. Dans l'ombre des ténèbres, disait-on, madame de Rouleau se transformait en un fauve malveillant pour regarder ses ennemis avec ses yeux brillants.

Quand la nuit tombait, affirmaient les voisins, cette vieille dame se transformait en un matou noir agile. Elle se promenait sur les toits en tôles des maisons ciblées. Aux petites heures du matin, elle sautait de haut en bas d'un toit à l'autre ; elle empêchait ses ennemis de s'endormir, avaient déclaré des voisins.

Oh, la méchante sorcière était considérée comme une emmerdeuse à n'en plus creuser dans le quartier. Personne ne voulait la défendre. Personne ne pouvait voir de la bonté dans cette vieille femme. On avait le sentiment que ses malheurs, quels qu'ils soient, seraient un soulagement bienvenu pour de nombreuses personnes dans la communauté. Les voisins étaient convaincus qu'il n'y avait rien de juste chez madame de Rouleau.

MADAME DE ROULEAU

Une voisine coquine

Ceux qui habitaient près de madame de Rouleau pensaient peu à son bien-être. Ils considéraient cette vieille mortelle comme une voisine coquine. C'était un personnage espiègle, disaient-ils. Elle était une fripouille ; elle était une racaille. Elle était une gredine ; elle était un faquin, disait-on.

Le sang était la principale forme de nourriture de madame de Rouleau, pensaient les voisins. Elle se nourrissait de sang humain, disaient-ils. Toutefois, elle préférait le sang des enfants, en particulier celui des nouveau-nés.

Les voisins disaient que madame de Rouleau se cachait autour de maisons non surveillées. Elle arrachait de jeunes enfants de leurs lits. Elles s'en prenaient aux bébés et aux tout-petits, les voisins murmuraient constamment. Autour du quartier, les gens étaient avertis de ne pas laisser leurs enfants errer non loin de la maison de la sorcière.

Les résidents disaient que madame de Rouleau était une âme pourrie. Ils avaient dit qu'elle se déguisait en personne ordinaire. C'était sa façon d'infiltrer les rassemblements locaux, avaient déclaré des voisins. Pour la plupart des familles, cette femme en âge avancé était tout sauf un être humain. Les voisins avaient affirmé avoir vu cette vieille femme transformée en un chat noir déréglé et enragé. Mais les rumeurs sur madame de Rouleau étaient souvent exagérées.

***

Partout à travers les coulisses du *Bas-peu-de-choses*, Madame de Rouleau a été vilipendée. Bien qu'elle soit âgée de plus de quatre-vingts ans, on disait dans les rues que cette vieillarde, incapable de se soutenir de pied ferme, pouvait néanmoins courir un marathon.

Madame de Rouleau, les voisins insistaient, simulait sa fragilité. Ils avaient soutenu que cette femme barbon était une sorcière rusée. Alors que madame de Rouleau feignait son asthénie, les gens supposaient que c'était sa stratégie pour cacher sa nature malfaisante. Certains étaient persuadés qu'il était un moyen pour cette femme féroce et mangeuse de chair de tromper ses victimes.

Dans les artères de la rue de l'enterrement, les voisins étaient convaincus que madame de Rouleau était une créature dangereuse. Cette supposée *vye granmoun* était, en tout cas, une bête fugace, avaient déclaré des voisins. Madame de Rouleau, disaient-ils aussi, était très désobligeante. Cette vieille dame démoniaque dans son être était le diable incarné.

Madame de Rouleau, les voisins en étaient certains, était une mauvaise personne jusqu'à l'os. Elle était le démon ; elle symbolisait le maléfice. Elle était maléfique. Elle n'avait rien de magnifique ; elle était impudique ; elle était colérique. Pour ainsi dire, il y avait beaucoup de battage à propos de madame de Rouleau dans les artères de la rue de l'enterrement.

Un bouc émissaire de quartier

Madame de Rouleau était le bouc émissaire de la *rue de l'enterrement.* D'un lieu à un autre à travers la ville, elle a été blâmée pour tous les problèmes qui s'étaient produits ; c'était ainsi même dans les endroits avoisinants. Le ressentiment envers madame de Rouleau était palpable. La vieille dame gardait ses distances avec les voisins. Elle communiquait rarement avec eux, sinon que pour se bagarrer.

Madame de Rouleau menait une vie solitaire. Les voisins ne pouvaient pas supporter son comportement. Ils n'avaient aucune indulgence pour son maniérisme.

Les voisins pensaient que madame de Rouleau était trop condescendante. Ils avaient dit que cette vieille dame dialoguait rarement avec les autres. Elle n'était pas du tout amicale, avaient déclaré des voisins. Madame de Rouleau avait une tendance méchante, disaient certaines personnes du quartier. Elle ne disait même pas bonjour, les voisins se plaignaient souvent.

Madame de Rouleau vivait dans un vieux comble. Cette construction ombragée a connu des jours meilleurs. Les murs de la propriété étaient en décomposition. La maison était tordue. Il semblait que cette structure était sur le point de s'effondrer.

Madame de Rouleau aimait cependant sa solitude. Elle passait ses journées à l'intérieur de sa maison. Elle ne voulait même pas aller au distributeur d'eau publique dans le quartier pour aller chercher de l'eau fraîche. Mais comment est-ce que quelqu'un pouvait survivre sans de l'eau potable, les voisins réfléchissaient souvent ? Beaucoup de gens considéraient le manque d'interaction de madame de Rouleau avec les autres comme la preuve qu'il s'agissait bien d'une mauvaise graine dans le milieu.

Alors que la plupart des voisins pensaient que madame de Rouleau était une sorcière, il n'y avait aucune preuve que c'était le cas. En fait, cette grand-mère était une fervente catholique. Tous les dimanches matin, elle allait à l'église. Elle s'habillait tout de noir, et ceci de la tête aux pieds. Elle portait un voile noir ; celui-ci couvrait son visage à nu. Aller à l'église était l'un des rares moments où la vieille dame quittait sa maison.

***

Madame de Rouleau n'avait pas de parents connus en ville. Son histoire est un mystère pour la plupart. Mais la croyance commune est que quelque chose de terrible est arrivé à madame de Rouleau dans sa jeunesse. En réponse, disait-on, elle avait décidé de vivre une vie de célibat et de solitude, que les voisins pensaient a été une vie de ressentiment.

Madame de Rouleau vieillissait très rapidement. Alors qu'elle vivait seule, elle avait désespérément besoin de la supervision de quelqu'un d'autre. Contrairement à ce que la plupart des gens pensaient, madame de Rouleau n'a pas toujours vécu seule, bien qu'elle n'ait pas non plus vécu une vie de patachon. Après que ses enfants se sont mariés il y a de nombreuses années, ils avaient déménagé de la maison. Au fil des ans, la vieille dame se sentait seule ; elle voulait de la compagnie pour prendre soin d'elle. Toutefois, Madame de Rouleau ne faisait confiance à personne pour vivre avec elle.

Malgré de nombreuses tentatives faites par ses proches, le géronte a toujours refusé que d'autres personnes vivent avec elle. Certainement, quelques parents venaient régulièrement chez la madame. Il était question de lui rendre visite de temps à autre et de lui donner les nouvelles de ses progénitures. Certains de ses petits-enfants vivaient encore dans le pays qui de plus en plus paraissait à une terre maudite. Mais d'autres, surtout ses petits-fils les plus aisés, ont été éparpillé d'ici et là dans de pays étrangers.

Pour ceux-là qui adoraient la vieille dame sans une odeur de sainteté, la rendre visite était un moment à la fois d'allégorie et de nostalgie. Mais c'était surtout un échange bénéfique pour Madame de Rouleau, car elle souffrait de plusieurs maladies chroniques. Vu son âge avancé, la vieille grand-mère, radiée, délaissée, maltraitée et desséchée comme un verre de terre dans sa demeure de porcelaine qui était à la fois imbibée dans un milieu bâché dans la haine, avait constamment besoin d'aide et d'une assistance médicale de ses pairs.

Madame de Rouleau avait quelques amis dans le quartier, dont Grann Yaya. Bien qu'elle reçût rarement les visites de pitié de ses voisins bien-aimés, elle communiquait avec eux, dont ses amis les plus proches, à l'abbatiale de la zone.

C'était une Abbaye populaire du nom de l'Église Saint-Anne, une paroisse régionale qui réunissait toutes les adeptes de la foi catholique de la région métropolitaine.

Dans cette Basilique, d'une architecture anglicane, d'une aura pittoresque et d'une atmosphère amicale, les gens les plus angéliques du quartier se donnaient rendez-vous non loin d'un obélisque scintillant tous les dimanches matin pour prier leur *Dieu païen* et pour célébrer sans ambages des retrouvailles inouïes sans le lendemain certain. Dans ces lieux sacrés, les aînés du quartier éparpillé dans des corridors adjacents et sous-jacents s'occupaient de madame de Rouleau de façon dévoilée et parfois même incognito, surtout lorsqu'elle avait des problèmes de santé qui était de nature à inquiéter les débonnaires de la zone.

En dépit de sa notoriété malsaine, madame de Rouleau n'était pas tout à fait une étrangère dans ce milieu nocif, surtout pour ceux qui la connaissaient depuis belle lurette. À la Chapelle de Saint-Anne, qui était située à quelques mètres seulement de la rue de l'enterrement, Grann Yaya et la madame ramollie et appauvrie par une malveillance collective et guidée par une passion fausse qui était à la fois folle et ivre s'y rencontraient de temps en temps. La grand-mère renchérie et assujettie par ses maladies avait pour coutume d'échanger des herbes médicinales avec la madame houleuse et la plus défroquée de la rue de l'ensevelissement. Puisqu'elles souffraient toutes deux des mêmes maladies afflictives et chroniques, les deux commères s'entretenaient de temps à autre sur la cour de l'église Saint-Anne pour parler de tout et de rien.

Après la première messe du dimanche matin, les adeptes prenaient répits sur la cour postérieure de l'église pour échanger des mots. En se tenant debout auprès des murs vieillissants de l'église Sainte-Anne, les deux commères se parlaient à voies basses sans pour autant chuchoter leurs dires. Avec une posture de fainéant, les deux granmoun se racontaient des choses que nul, à part quelqu'un de leurs âges, ne pourrait comprendre. L'une se tenait avec les bras croisés sur ses sein dégonflés et l'autre s'abritait en chambranle de balustrade avec ses extrémités supérieures ramener en arrière-plan, elles conversaient tour à tour sur l'estrade de l'archevêché de la paroisse.

C'étaient les rares moments où madame de Rouleau se laissait aller dans des moments délirants sans pour autant se délaisser voulant-voulant dans un air d'emballement et de contentement d'affaissement avec un éclat de rire passionnant. Là, dans ce coin de réjouissance et de repentance, la madame, soi-disant malveillante, se faisait dérober par des curieux et des passants quelques sourires retissant et parfois même enivrants.

Avec des grincements de dents et sous ses jetons d'avilissements, la madame abasourdie se laissait de temps en temps emporter dans des aubaines de plaisir étincelant. Ses cris de joie retentissaient à tout bout de champ. Elle jubilait parfois avec des ha ha ha de rires étourdissants, pour ne pas dire rebondissants et même captivants. C'était là, sur le sol émaillé de la ruelle Saint-Anne, que le côté humain de madame de Rouleau était le plus rayonnant et son âme solitaire était le plus vivifiant.

Pourtant, il faut le dire, madame de Rouleau ne cherchait pas l'estime des nouveaux résidents de la rue de l'enterrement. Elle savait qu'ils la méprisaient et ils ne la voulaient pas dans leur sein. Elle les détestait tout aussi bien.

Un étrange événement s'était produit entre la vieille femme et petit Joe. Ce moment a redéfini le jouvenceau dans son être le plus profond. Cet instant malheureux, cela va sans dire, avait changé pour toujours la vie du petit garçon.

MADAME DE ROULEAU

Une rencontre avec un voleur

Par un après-midi nuageux, petit Joe a eu un face-à-face avec un voleur. Le jeune adolescent se sentit dépassé par les événements. Il ne savait point quoi faire.

Cet après-midi-là, sa mère, madame Gilbert, lui avait donné cinquante centimes pour acheter des surettes et des bonbons. Le petit garçon est allé dans une boutique voisine. Il voulait acheter des bonbons à la noix de coco. Petit Joe adorait mâcher des bonbons à la noix de coco ; c'était un régal populaire connu sous le nom de *douce kokoye*. Ce bonbon fait à la noix de coco est l'une des friandises préférées du petit homme.

La boutique était en face de la cour de la Pléiade. C'était à quelques pas de la maison de madame de Rouleau. Là, une marchande du nom de madame Lufern vendait toutes sortes de produits, y compris des bonbons à la noix de coco, du pain, des fruits et d'autres types de comestibles.

Quand petit Jojo est arrivé à la boutique, il n'y avait personne là-bas. Madame Lufern n'était pas présente sur les lieux. O, sa etranj, « Oh, c'est étrange », s'est retentit le petit gars. Pa gen moun isit la « Il n'y a personne ici », il a murmuré tout bas. Il aurait pu partir à ce moment-là. Mais il fit un choix différent. Cette après-midi, petit Joe voulait tellement manger les bonbons à la noix de coco qu'il a décidé d'attendre le retour de madame Lufern.

Pendant un moment, petit Joe était seul, alors qu'il se tenait debout patiemment devant la boutique. En regardant les piétons et les voitures qui passaient dans la rue, un homme est venu de nulle part. Petit Joe se précipita de peur pendant un moment. Le monsieur n'a pris aucun intérêt au petit galant. Il n'avait même pas essayé d'établir un contact visuel avec lui.

Lorsque le monsieur s'est rendu compte que personne n'attendait la boutique, il a commencé à saccager l'endroit. Le monsieur a volé autant de biens que ses mains pouvaient transporter. Il a attrapé autant qu'il pouvait cacher sur sa personne. Le monsieur enrobait ses chemises avec de la marchandise ; il remplissait son pantalon de toutes sortes d'articles.

Le monsieur a vu un sac à main à côté d'une petite table. Il a immédiatement pris le sac. Il a dérobé tout l'argent qui était à l'intérieur du sac à main. Le monsieur regarda partout dans la petite boutique ; il cherchait beaucoup plus d'argent. Il a fouillé le lieu de fond en comble. Il regardait dans tous les petits coins.

Le monsieur s'était rendu derrière le comptoir, où madame Lufern gardait ses gains. Il était en chasse au trésor. Le monsieur était déterminé à saisir tout ce qui avait de la valeur dans la petite boutique.

Le voleur a commis cet acte hideux en présence du petit garçon. Le petit bonhomme était stupéfait ; il était terrifié. C'était un moment épouvantable pour le petit homme. Il ne pouvait pas comprendre ce qui se passait.

Après avoir pillé le petit magasin, le monsieur est parti sans inquiétude.

Alors que le voleur s'éloignait de la boutique déjà dévalisée, le petit homme resta ébranlé et la fois confondue ; il était sans paroles ; il était sidéré.

Avant d'entrer dans un couloir adjacent de la cour de la Pléiade, le monsieur regarda autour de lui. Il scruta ensuite le petit gars avec un regard effrayant. Le monsieur regarda autour de lui une fois de plus. Il dévisagea le petit bonhomme avec un regard menaçant à nouveau. Le monsieur fronça un peu les sourcils tout en regardant à l'endroit du petit garçon. Le monsieur est ensuite entré dans un corridor non loin de la cour de la Pléiade. Puis, il a disparu.

Petit Joe avait déjà vu le monsieur dans les parages de la rue de l'enterrement. Il n'habitait pas trop loin du cimetière local. Le monsieur n'était pas tout à fait un inconnu dans la zone, se disait petit Joe. Certains riverains l'appelaient Maxo.

Au départ, petit Joe était un peu impatient. Il voulait raconter à madame Lufern ce qui s'était passé. Il voulait dévoiler l'identité du monsieur qui a dérobé les marchandises. Il voulait révéler à madame Lufern ce qui s'était arrivé à ses biens volés. Mais un sentiment de peur s'était emparé du jeune homme.

Petit Joe n'était plus certain des faits. Il n'était point sûr de vouloir raconter à madame Lufern ce qui s'était passé dans la petite boutique. E si madame Lufern mande mwen pou m al montre li kay vole à. Si madame Lufern me demandait de l'emmener chez l'homme, le petit gars réfléchissait ? E si mesye a di ke se manti mwen bay sou li, ki moun ke Madan Lufern ap kwè. « Et si le monsieur niait tout, qui croirait madame Lufern », se demanda le petit garçon ?

Petit Joe s'était dit que madame Lufern pourrait l'accuser d'avoir volé les marchandises. Il a été pris de panique. Le petit homme ne savait point quoi faire. Néanmoins, il avait décidé de rester sur les lieux. Il avait décidé d'attendre quand même que madame Lufern revienne avant de s'en aller.

MADAME DE ROULEAU

Pour sauver petit Joe

Après avoir été témoin du vol à la petite boutique de madame Lufern, le petit gosse avait perdu son sens du bon sens. Anxieusement, cependant d'une bravoure extraordinaire, il était resté sur les lieux pour expliquer à madame Lufern ce qui s'était arrivé. Mais le petit homme, pour ainsi dire, était bouleversé. Il ne savait pas comment faire face à sa réalité. Il était tout de même très nerveux. Le petit garçon se disait qu'il allait avoir des ennuis à cause du vol qu'il venait tout juste d'être le témoin clé. Il préparait sa défense au cas où il serait lui-même accusé du maraudage.

Alors que petit Joe attendait le retour de madame Lufern tout en restant devant la petite boutique, il se sentait submergé de chagrin. Le petit innocent craignait qu'il allât être imputé la responsabilité pour le larcin. Il se sentait déboussolé ; il n'était plus certain que ses démarches défensives seraient fructueuses. Il ne savait pas ce qu'il devrait faire s'il était accusé d'avoir volé les marchandises dans la petite boutique.

Dans pas longtemps, madame Lufern se dirigeait vers la petite boutique. Avant son arrivée sur les lieux, madame Lufern avait un air abattu ; c'était comme si elle savait qu'elle venait juste d'être escamotée. Quand madame Lufern est retournée à la boutique, elle était sous le choc. C'était comme un fait insolite. Elle ne pouvait pas croire ses yeux.

O, gade kijan yo te kase bra m ; « Oh, on m'a détruit », exclama la madame apparemment perturbée. La préoccupante marchande demanda à Petit Joe, et ceci de manière ferme : Èske ou te wè sa ki te pase. « Est-ce que tu as vu ce qui s'est passé ? » Mais le petit puceau trébucha dans sa réponse. Il a bégayé un tout petit peu. À ce moment-là, madame Lufern a vite compris que le petit bambin savait quelque chose ; elle a décidé de faire pression sur lui pour qu'il dévoile l'identité de la personne qui serait responsable du vol de ses marchandises. Néanmoins, le cadet ne savait quoi répondre à la marchande en ébullition pour avoir tout perdu.

Alors que le damoiseau luttait avec ses propos sous les questions abasourdit de madame Lufern, il se sentait étourdi. Il tremblait comme une feuille ; il ne pouvait point chuchoter ; il ne pouvait point dire un mot. Le jeune homme se sentait sous pression.

En quelques minutes, l'endroit où se trouvait la petite boutique était rempli de passants, de curieux et de voisins. Petit Joe se tenait au milieu d'une foule curieuse et au bord de devenir une foule en liesse ou un regroupement de gens sur le point de devenir complètement déchainés. Il se sentait isolé sur une ile désertée. Tout le monde faisait pression sur le petit garçon pour qu'il dévoile le nom du mauvais larron qui a pris possession des biens de madame Lufern.

Les voisins disaient à petit Joe qu'il devait divulguer le nom de la personne qui avait commis les méfaits. Ki moun ki vòlè machandiz yo; « Qui a volé les marchandises » a retenti madame Lufern. D'autres riverains disaient au petit galopin qu'il avait le devoir d'être vertueux. Quelqu'un disait au petit homme qu'il avait une responsabilité de faire quelque chose pour alléger la souffrance de madame Lufern, une mère de plusieurs enfants comme lui. Il devait agir pour le bien public, disait-on ; il devait agir pour le bien d'autrui, considérant qu'il a vu l'individu qui a commis le forfait en question.

Quelques minutes plus tard, la police était arrivée sur les lieux. Quelques agents voulaient parler au petit garçon. Se sentant englouti par la présence des riverains, petit Joe était sur le point de divulguer le nom du voleur. À ce moment-là, madame de Rouleau intervint ; elle défia le petit blanc-bec de piper un mot de plus.

Alors qu'il était sur le point de parler à la police, petit Joe a entendu quelqu'un crier son nom haut et fort. C'était une voix herculéenne, qui sonnait comme si elle sortait du ciel. La personne a jaspiné le nom du gamin aussi ferme que possible.

La personne a dit : Ti jo ! Ti jo ! Vini'm pale'w ! Vivi jwen mwen kounya ! La personne retentit davantage : « Petit Joe ! Petit Joe ! Venez ici maintenant ! Venez ici en ce moment ! »

La personne a parlé avec une autorité incandescente. La voix retentit si fort que petit Joe se sentit déconcerté. Il ne savait pas qui l'appelait à tout bout de champ.

La voix résonna à nouveau : Ti jo ! Ti jo ! Kisa wap tan'n ? Vini kote'm kounya mwen di ou ! La voix rétorqua sans relâche. « Petit Joe ! Petit Joe ! Qu'attends-tu ? Tu dois venir maintenant, je te dis ! »

Après que la personne a eu appelé Petit Joe's tant de fois, l'ado s'est rendu compte que la voix venait de la maison d'à côté. De sa fenêtre tordue, grand-mère de Rouleau à exiger que le petit garçon vienne à elle immédiatement. Petit Joe avait peur, sachant que c'était le loup-garou du quartier. Il ne voulait pas s'approcher de cette femme redoutée.

La vieille dame a ensuite appelé le jeune homme par son nom complet. Elle a dit qu'elle connaissait Grann Yaya. Joël Gilbert Junior ! Vi'n jwen mwen kounya ! La voix résonna. « Venez à moi tout de suite, Joël Gilbert Junior ! » Se pa ti pitit Yaya ke ou ye ! « N'es-tu pas le petit-fils de Yaya ? » Demanda textuellement madame de Rouleau à petit Joe. Le jeune garçon était pétrifié ; il ne pouvait pas croire que la personne que tout le monde considérait le démon le plus vil du quartier puisse connaitre son nom. Toutefois, le petit homme s'est rendu compte aussi que madame de Rouleau n'était pas forcément une étrangère après tout. Personne d'autre dans le quartier ne connaissait mon nom complet, s'est exclamé le petit bonhomme en proie à la déchéance.

À ce moment-là, le petit bonhomme se dirigea vers la fenêtre à moitié ouverte de madame de Rouleau. Alors que la foule restait encore assommée, la vieille femme sortit la tête ; elle commença à parler au petit garçon. Elle le fit avec un air très calme ; elle parlait d'un ton doux et rassurant avec le petit homme.

Madame de Rouleau encouragea petit Joe à ne pas révéler le nom du voleur. Elle a dit au petit galant de reconsidérer ses actions. Elle a fait la leçon au petit garçon effrayé sur la vertu et la moralité.

Madame de Rouleau a expliqué à petit Joe que la vie n'est ni noire ni blanche. Parfois, la mauvaise chose est la bonne chose à faire. Le soi-disant lycanthrope du quartier a dit à petit Joe qu'il devait être juste. Elle lui a dit que la bonne chose à faire était de rentrer chez soi. Cour à la maison, si tu veux le faire, dit la grand-mère. Mais tu ne devrais jamais parler de cet incident à qui que ce soit.

Petit Joe écoutait attentivement à madame de Rouleau. Il a dit oui, madame. Le petit bonhomme a accepté de ne pas révéler l'identité du voleur. Il est rentré chez lui en courant. Il n'a pas regardé en arrière tout en rebroussant chemin dans son appartement.

Cet incident a changé le point de vue du petit garçon des gens du quartier. Cela a changé son point de vue sur madame de Rouleau. Cet incident avait amené le petit homme à remettre en question ce qu'il pensait savoir sur les notions de la justice et l'iniquité.

Une nouvelle amitié

Après l'incident qui s'est déroulé à la boutique locale, petit Joe s'est senti accablé par ce qui s'est passé. Il ne pouvait plus garder ce secret. Le petit gars a confié à Grann Yaya que quelque chose de terrible lui était arrivé à la boutique de madame Lufern.

Grann Yaya répondit au petit homme ; je sais ce qui s'est passé. Elle a dit à petit Joe qu'elle était au courant de l'incident. Sidéré, mais aussi soulagé, le petit garçon a demandé à sa grand-mère : Eske se vre grann, ou tandé sak passé a ? « Est-ce vrai Grann, tu sais ce qui s'est passé ? ». Kouman ou fè konnen grann ?

« Comment l'as-tu appris Grann », s'exclama le petit garçon avec un air de contentement. Il s'est senti réconforté de savoir que Grann Yaya était au courant de l'incident.

Grann Yaya a dit à son petit-fils qu'il a fait ce qu'il fallait en écoutant madame de Rouleau. Toujou koute granmoun lè yo pale avèk ou ; se pou pwop byen ou. « Tu dois toujours écouter les adultes quand ils t'ordonnent de faire quelque chose ; parfois, c'est pour ton propre bien, » a déclaré Grann Yaya. Le gamin avait l'impression que le monde avait été enlevé de ses épaules.

Quelques jours plus tard, petit Joe a découvert que le monsieur qui avait cambriolé la boutique était un membre notoire d'un gang dans la rue de l'enterrement. Il vivait dans une banlieue réputée pour avoir hébergé des voleurs et des brigands notoires. Mais le petit bonhomme n'avait aucune idée que le monsieur jouissait d'une réputation aussi épouvantable.

Le voleur était connu pour sa brutalité et sa cruauté dans la zone. Il était également connu comme un criminel assoiffé de sang. Le monsieur n'avait aucune considération pour la vie des autres, y compris les hommes, les femmes et les enfants. C'était un tueur à gages.

Petit Joe s'était rendu compte que s'il avait parlé de l'incident à la police, cela aurait pu être une terrible erreur. Il aurait pu avoir des ennuis s'il l'avait fait. Le monsieur savait que le petit garçon était le seul à avoir vu le vol. Petit Joe s'était rendu compte de la raison pour laquelle le voleur l'avait regardé d'une manière si bizarre. Peut-être l'avait-il fait pour m'avertir des conséquences de la révélation de son identité, se disait le petit garçon. Peut-être que c'était un avertissement de ne pas dire à quelqu'un d'autre ce qui s'est passé, avait conclu le petit homme.

Le petit bonhomme s'est rendu compte que la soi-disant Sybil du quartier, madame de Rouleau, le protégeait depuis le début. En ne le laissant pas révéler l'identité du voleur, la vieille dame lui avait sauvé la vie, pensa le damoiseau. Petit Joe était reconnaissant de l'intervention de madame de Rouleau en sa faveur.

À partir de ce moment, le petit homme allait chez madame de Rouleau fréquemment ; il proposait de faire des courses pour la vieille dame. De temps à autre, il lui apportait un gallon d'eau potable fraîche en cadeau, un geste que madame de Rouleau appréciait beaucoup.

Au fil des ans, petit Joe et la sorcière du quartier ridiculisé avaient développé une parenté sincère. Il l'appelait *matante* de Rouleau, pour ainsi dire. Leur lien était devenu inextricable. Pourtant, les voisins ne pouvaient pas comprendre leur amitié.

Pour les résidents de la zone, il était inconcevable que petit Joe et madame de Rouleau aient quelque chose en commun. En effet, ils avaient quelque chose en commun. La sorcière du quartier était devenue une conseillère pour le jouvenceau.

Petit Joe et madame de Rouleau s'entendaient bien. Au fil du temps, leur amitié a été renforcée. La famille Gilbert aidait la grand-mère chaque fois qu'elle en avait l'occasion. Petit Joe et ses sœurs faisaient des courses pour la vieille dame. Cette matrone a joué un rôle important dans la compréhension du quartier par le petit garçon. Que ce soit par destin ou par malheur, la redoutée personne âgée était devenue le pilier du point moral du petit garçon.

Parlant au nom de Madame de Rouleau

En 1992, la rue de l'enterrement n'était plus viable pour petit Joe. La situation financière de madame Gilbert s'était améliorée. Elle avait loué un appartement pour les enfants dans une banlieue plus aisée. À ce moment-là, le petit homme, maintenant un jeune homme dans son droit, était devenu assez grand. Il pouvait créer son propre chemin dans la vie. Il était au lycée et était sur le point d'entrer à l'université.

Après que petit Joe eu quitté le quartier, ses visites chez madame de Rouleau avaient ralenti considérablement. Bien sûr, la famille Gilbert vivait toujours dans la zone. Le jeune homme s'arrêtait de temps en temps chez la madame pour lui dire bonjour.

Un samedi après-midi, le jeune Gilbert avait reçu une mauvaise nouvelle à propos de madame de Rouleau. L'éphèbe a appris qu'on avait retrouvé la madame décédée à l'intérieur de sa maison. Mais c'était une mort subite. Ce fut aussi un trépassé tragique ; c'était surtout un moment horrible pour la grand-mère bien-aimée.

La vieille dame était expirée dans l'anonymat à l'intérieur de sa maison. Madame de Rouleau était périe depuis plusieurs jours avant que son corps, qui était en décomposition et consommé par ses animaux de compagnie, ne soit découvert après. Les gens on sut que la madame était expirée à cause d'une odeur nauséabonde avait envahi le quartier. Ce fut un choc pour de nombreux résidents dans la zone. Il était devenu assez clair pour la plupart des riverains de la *rue de l'enterrement* que madame de Rouleau n'était pas une sorcière après tout.

Joël Gilbert, à ce moment-là un jeune homme à part entière dans son corps et dans son âme, était attristé par le départ prématuré de son cicérone. Le décès de madame de Rouleau lui avait affecté énormément. Son passage à l'au-delà, inopportun et à la fois déchirant, avait également eu des effets sur les gens vivant dans tout le quartier. Les voisins ont découvert qu'ils avaient été trop critiques envers une vieille femme qui avait probablement besoin de leur affection et de leur admiration. C'était du remords tout autour.

Les voisins se sentaient consternés par le traitement qu'ils accordèrent au résident le plus âgé de la rue de l'enterrement. Ils voulaient se ressaisir. Ils avaient recueilli assez d'argent pour donner à cette grande dame, tout aussi bien incomprise qu'elle fut, des funérailles somptueuses.

Lors du service commémoratif de madame de Rouleau, le freluquet voulait parler au quartier de son gourou bien-aimé. Le jeune Joël Gilbert voulait que les gens comprennent à quel point madame de Rouleau était une bonne personne. Il voulait restaurer la réputation ternie de cette dernière.

Le jeune Gilbert Junior a dit aux voisins que madame de Rouleau était une force positive dans le quartier. Li te enfliyanse lavi m pou mwen vi'n yon bon non'm. « Elle avait influencé

ma vie pour devenir une bonne personne »,
exclama le pubère. Le brave a dit aux voisins
que madame de Rouleau l'avait aidé à devenir
une meilleure personne. Li te mennen m 'mete
mwen nan bon direksyon an. « Elle m'avait
porté à mettre ma vie dans la bonne direction »,
a expliqué le jeune homme. Le jeune Gilbert a
dit aux voisins que la soi-disant sorcière du
quartier l'avait donné les outils nécessaires
pour s'embarquer sur la route du succès.

Le débonnaire était reconnaissant envers
madame de Rouleau. Il avait regretté que peu
de gens dans la rue de l'enterrement
connussent cette vieille femme comme lui. Le
jeune Gilbert voulait que le monde entier
connaisse madame de Rouleau. Madame
de Rouleau te ede m 'wè mond lan jan li vrèman
ye « Madame de Rouleau m'a aidé à voir le
monde tout comme qu'il est vraiment », a

confabulé le jeune homme aux voisins, beaucoup d'entre eux s'étaient rassemblés près de la maison de madame de Rouleau la veille de ses funérailles. Le bougre a dit que cette vieille femme lui avait appris l'importance d'être juste dans la vie. Elle m'a appris l'importance d'ouvrer pour le bien au lieu du mal, dixit l'altruiste gentilhomme. « Madame de Rouleau était une personne juste, » elle était auguste, avait jasé l'affable gaillard.

Le jeune Gilbert a admis que madame de Rouleau n'était plus là pour le guider. Le boniface avait compris qu'il devait trouver son chemin. Il s'était rendu compte qu'il devait prendre en main son propre destin. Il devait trouver sa place dans ce monde par lui-même.

Pourquoi le bien veillant jeune homme, aujourd'hui un adolescent sur le point de devenir un homme bonasse, avait-il besoin de madame de Rouleau ? Qu'est-ce qui avait permis à cette vieille femme d'exercer une telle influence sur ce bon enfant ? Voyageons ensemble dans le temps pour comprendre leur légende. Promenons-nous dans les couloirs de l'histoire de la vie de Joël Gilbert Junior pour donner un sens à tout cela.

MADAME DE ROULEAU

À propos de l'auteur

Ben Wood Johnson, Ph.D.

Le Dr Johnson est auteur, philosophe et pédagogue. Il est un observateur social. Il écrit sur le droit, la théorie juridique, l'éducation, les politiques publiques, la politique, la race et la criminalité, et l'éthique.

Le Dr Johnson est diplômé de l'Université Penn State et de l'Université Villanova. Il est titulaire d'un doctorat en leadership éducatif, d'une maîtrise en sciences politiques, d'une maîtrise en administration publique et d'un baccalauréat en justice pénale.

Le Dr Johnson est l'auteur de plusieurs livres captivants sur la philosophie et la littérature française. Ses publications récentes incluent : Être noir (2018), L'homme et le racisme (2020), Discours sur la liberté humaine (2021), L'être dans le monde (2022) et Le fardeau de la vie (2022).

Du même auteur

Publications en Anglais

Sartrean Ethics – A Defense of Jean-Paul Sartre as a Moral Philosopher, 2016

Jean-Paul Sartre and Morality – A Legacy Under Attack, 2017

Sartre Lives On, 2017

Forced Out of Vietnam – A Policy Analysis of the Fall of Saigon, 2017

Natural Law – Morality and Obedience, 2017

Racism – What is it, 2018

Citizen Obedience – The Nature of Legal Obligation, 2019

Jean-Jacques Rousseau – A Collection of Short Essays, 2019

Pennsylvania Inspired Leadership – A Roadmap for American Educators, 2019

Madame de Rouleau

Adult Education in America – A Policy Assessment of Adult Learning, 2019

Cogito, Ergo Philosophus, 2020

International Law – The Rise of Russia as a Global Threat, 2020

Striving to Survive – The Human Migration Story, 2020

Postcolonial Africa – Three Comparative Essays about the African State, 2020

Go Back Where You Came From, 2020

Surviving the Coronavirus – A Tribute to Humanity, 2020

Discourse on Human Freedom, 2020

God and Existentialism – The Chronicles of a Survivalist, 2021

The Burden of Life, 2021

The Being in the World – The Being, the Self, and the Self-within-the-Self, 2022

How to Dix Cyberbullying – Assessing the Crisis of School Interventions, 2022

Why do People Commit Crimes – Assessing Three Major Crime Theories, 2022

Publications en Espagnole

Regrese de donde vino, 2020

BEN WOOD JOHNSON

Ce livre a été publié et imprimé par Tesko Publishing pour Ben
Wood Educational Consulting, LLC (BWEC, LLC). Si vous
souhaitez contacter Tesko Publishing, vous pouvez le faire en
vous référant aux informations répertoriées ci-dessous.

Adresse postale:

BWEC LLC

330 W. Main st #214
Middletown, Pennsylvania 17057

MADAME DE ROULEAU

E-mail: tkpubhouse@gmail.com

www.teskopublishing.com